लोरी ठिठोली

इंजी अरुण कुमार जैन

Copyright © Er Arun Kumar Jain
All Rights Reserved.

क्रम-सूची

क्रम-सूची

क्रम-सूची

• v •

भूमिका

एक प्रसिद्ध कहावत है 'ललितपुर कबहुँ न छोड़िए, जब तक मिले उधार' ऐसे उदारमना लोंगो के नगर ललितपुर के निवासी श्री अरुण कुमार जैन, कवि, कथाकार, व्यंग्यकार, संपादक के साथ साथ आध्यात्मिक विषयों के भी अध्येता हैं। उन्होंने इन सभी क्षेत्रों में अपनी कलम अधिकार पूर्वक चलाई है, जिसके लिए उन्हें अनेक प्रतिष्ठापूर्ण सम्मानों से भी नवाजा गया है। एक व्यक्ति में इतने व्यक्तित्व का यह विरल उदाहरण हैं।

श्री अरुण जी के बाल कविता संग्रह 'लोरी ठिठोली' की कई कविताओं को मैंने पढ़ा, तो मुझे लगा कि हिंदी साहित्य की अनेक विधाओं में बाल कवि का अरुणोदय हुआ है। बाल साहित्य में उनकी उपस्थित का मैं स्वागत करता हूँ।

बाल साहित्य सृजन करना आसान काम नहीं है क्योंकि बाल साहित्य रचने पर हमें बाल मन में प्रवेश करना होता है। कवितायें पढ़ते पढ़ते मुझे लगा कि श्री अरुण जी बाल मन के कुशल चितेरे हैं। इसके पूर्व हाल ही में इनका राजा बेटा नामक बाल उपन्यास भी प्रकाशित हो चुका है, जो काफी प्रसंशा पा रहा है।

लोरी ठिठोली में 'चैकीदार बनूँगा' में बड़े देह का अजगर, चैकीदारी का काम करने जिस अंदाज में तैयार होता है वह रोचक है, 'प्रेरणा' कविता में न हारे हैं कभी मन से, न तन से.. बच्चों के लिए वाकई प्रेरणास्पद हैं। 'क्या पापा से कट्टी है' चन्द्रमा को लेकर जो संवाद बच्चा चाँद से करता है वह अद्भुत है। प्रेरक, संबल सूरज, कविता बच्चों का ज्ञान वर्धन करेंगी। चन्द्रमा पर भी उम्दा कविता है। चन्द्रमा को चांदी सा वैभवशाली बताना नया प्रयोग है। माँ, ममता व करुणामयी होती है, उसका गुस्सा भी कितना मीठा होता है, इस भाव भूमि पर, मम्मी करती मीठा गुस्सा, हर बच्चे को पठनीय लगेगी। माँ से प्यारी नानी है, का तो कहना ही क्या है। अन्य रिश्तों व बिषयों पर भी कवितायें बच्चों के मन के करीब की हैं। आचार्य विश्वनाथ के अनुसार 'वाक्यं रसात्मक काव्यं। पंडित सोहन लाल द्विवेदी कहते थे कि जो बालक के मन की, बालक की भाषा में लिख दे, वही सफल बाल साहित्यकार है। इस दृष्टि से भी मैं श्री अरुण जी को सफल बाल साहित्यकार मानता हूँ। मुझे विश्वास है कि सरल भाषा शैली में लिखी गयी सभी कविताओं को बच्चे बड़े चाव से पढ़ेंगे व इन्हे प्यारा उपहार मानेगे।

मैं श्री अरुण कुमार जैन के इस बाल कविता संग्रह के प्रकाशन पर अपनी असीम शुभकामनायें प्रेषित करता हूँ।

महेश सक्सेना, भोपाल
12 जुलाई 2021 संवाद संपर्क-9893356789

• viii •

आमुख

बचपन, प्यारे बच्चे, माँ, माँ की लोरी व संगी साथियों संग ठिठोली, जीवन की सबसे अमूल्य निधि हमें देतीं हैं। आज जीवन के 6 दशक पूरे करने के बाद भी उपरोक्त 5 शब्द व इनसे जुड़ा सब कुछ बहुत ही सुखद व रोमांचक लगता है।

बुंदेलखंड के गाँवों में बीतती छुट्टियाँ, प्रकृति का सानिंध्य, खेत-खलिहान, टोरियां (पहाड़ी), जंगल, उनमें आम, जामुन, महुआ के पेड़ व खेतों में गेहूँ, टमाटर, मटर, चना सभी कितना मौलिक व सुखद था। कुओं में रहट, बैल, पानी, नदी की पानी की धार व उसमें स्नान, आनंद की अनूभूति देते थे सभी।

बिना कूलर व पंखे से बंडी (छत) की शीतल शुद्ध प्राणवायु, बिना टेलीफोन, मोबाईल के खेत-खलिहानों से आते स्पष्ट स्वर, आज सभी स्वप्न से प्रतीत होते हैं। इन्हीं सब आह्लादक स्मृतियों की पूंजी हैं ये बाल कवितायें।

दादा बनने पर अपने दुलारे पोतों संग बिताये पल, उनकी चपलता, ऊधम, बाल शुलभ शैतानियाँ, मान-मनुहार ये सभी इस कृति का श्रृंगार बने हैं। इनका इनके अपनों के साथ व्यवहार, माँ, पापा, दादी, बुआ, मौसी, मामा, नानी, दादी के साथ अनुभूतियाँ सभी को पिरोने का प्रयास किया है इन रचनाओं में। इनकी दिनचर्या में बाथरूम, स्नान, पार्क, खेल, खिलौने, सभी मौलिकता से रचनाओं में प्रतिबिंबित हुये हैं।

हवा, पानी, सूरज, चंदा, झरने, पेड़, तारे, पहाड़, पक्षी, हाथी, अजगर, बंदर, मछली इनके सुखद सानिंध्य का प्रभाव भी रचनाओं में आपको मिलेगा।

विश्वास है विगत 40-45 वर्षों में संजोयी, संवद्दिधत ये रचनायें, कल के गौरव शिखर बनने को उद्यत राष्ट्र की बाल, किशोर पीढ़ी को मौलिक आनंद की अनुभूति देगा। विगत 40 वर्षों से ये रचनायें बच्चों के मंच पर व पत्र पत्रिकाओं में अपनी छाप छोड़ती रही हैं।

देश के बाल साहित्य के प्रसिद्ध हस्ताक्षर श्री महेश सम्सेना जी भोपाल ने इस कृति की भूमिका लिख अनुग्रहीत किया है। राष्ट्र के अभियांत्रिकी गौरव इंजी. श्री एस.के. श्रीवास्तव जी मुख्य अभियंता, भा.रे./से. नि. ने भी प्रेरक मार्गदर्शन दिया है। आभार दोनों विभूतियों का।

अभी-अभी प्रकाशित मेरे बाल उपन्यास राजा बेटा को आप सभी ने मुक्त कंठ से सराहा, आशीर्वाद दिया व प्रेरक बताया है। अभिभूत हूँ आनन्द से।

लोरी ठिठोली की प्यारी न्यारी कवितायें भी नन्हें-मुन्हें को सुखद आनंन्द दे उन्हें आत्मीय संबंधों को दृढ़ रखने को प्रेरित करेंगी। उनमें आशा-विश्वास, प्रेरणा, सदाचार व राष्ट्र प्रेम के भावों को संचारित करेंगी। आज अपनी माटी, अपनी धरती से दूर हो रहे बचपन को ये रचनायें अपनी जड़ों से जोड़ने में सफल होंगी। इसी कामना के साथ देश के बाल हिंदी साहित्य के विशाल समद्रू संसार को नई सुबह की ओस बिंदु की शीतल सुखद अनुभूति प्रदान कराती ये बाल कवितायें लोरी ठिठोली के रूप में समर्पित हैं।

अरुण कुमार जैन

आचार्य श्री जी श्री विद्यासागर

दीक्षा दिवस अषाढ़ शुक्ल 5, 2021

14 जुलाई 2021

1
चोकीदार बनूंगा

अजगर दादा पहुँचे आफिस, दे दो मुझको काम!
बिना काम अच्छा नहीं लगता, अब मुझको आराम।
आश्चर्य से साहब बोले, तुम क्या काम करोगे?
इतनी बड़ी देह को लेकर, कहाँ-कहाँ भटकोगे?
धीमे से अजगर दा बोले, ‘‘सर! मैं काम करुँगा,
अनुमति दें तो इस आफिस का, चोकीदार बनूँगा।’’

2

क्या पापा से कट्टी है?

चंदा कितने प्यारे हो,

सारे जग से न्यारे हो,

काली घनी रात को तुम,

रोशन करने वाले हो।।

चंदा कितने ......

तारों को संग लाते हो,

सारी रात खिलाते हो।

कभी बादलों के पीछे,

तुम खुद ही, छुप जाते हो। चंदा कितने.....

रजत थाल से दिखते हो,

कभी सींक से लगते हो।

करते क्यों लापरवाही,

यूँ घटते-बढ़ते रहते हो। चंदा कितने....

मामा तुम कहलाते हो,

दूध मलाई खाते हो।

क्या पापा से कट्टी है,

जो मेरे घर नहीं आते हो। चंदा कितने....

मामा में तो दो माँ हैं

ममता, प्रेम समाया है।

इसकी धार बहाओ तुम,

मामा अब घर जाओ तुम।। चंदा कितने.....

3

प्रेरक संबल, सूरज

सुबह-सुबह दुनियाँ में आते, रोज़ अंधेरा दूर भगाते,
तुम्हें देख सब चेतन होते, आलस, निद्रा दूर भगाते।
पौधे, पत्ते वृक्ष लतायें, नव जीवन नित पाते है,
नदिया झरने पषु-पक्षी सब, आंनद से भर जाते हैं।
ठिठुरी, सहमी आकुल धरती, तपन से उन्माती है
सूरज आया, आस भी लाया, धरती गीत सुनाती है।
नया अंकुरण, नयी कोंपलें, तुम्हें देखकर आतीं हैं,
कलियाँ खिलतीं, चिड़ियाँ गातीं, तितली रूप सजातीं हैं।
निंदियाँ जाती, आलस जाता, रोम-रोम पुलकित होता
दूर गगन में ही आते हो, सारा जग हर्षित होता।
सभी काम करते फिर उठकर, अपनी मंजिल जाते हैं।
जब जाते हो वापिस दादा, हम सब भी थक जाते हैं।
प्रेरक- संबल इस दुनियाँ के, इसी तरह हर दिन आओ करने, नित, आगे बढने
का, पाठ सभी को सिखलाओ।

4

चाँदी सा वैभव (चंदा)

रूप सुहाना हमें लुभाता, तन-मन शान्ति सदा दिलाता,
रोज रात को तुम आते हो, तारों को संग में लाते हो।
थकी देह को शान्ति दिलाते, गर्म हवा ठंडी कर जाते,
साथ तुम्हारे माँ गाती है, मीठी निंदिया सुखदाती है।
प्यारे सपने रोज दिखाते, परियों से भी वहाँ मिलाते,
सारा जग खुष हो जाता है, साथ तुम्हारे नित गाता है।
हमें प्रेम, ममता सिखलाते, शांति, प्रेम की बात बताते,
पूनम में सबसे प्यारे हो, दूध भरे न्यारे थाले हो।
चाँदी सा वैभव है पाया, इतना रूप कहाँ से आया?
माँ कहती है, तुम हो मामा, दो ममता का ढेर खजाना,
इसको पा, हम बढते जायें, नेह-प्रेम इस जग में लायें।?

5

ओवर कोट

हाथी दादा इतने मोटे।
कैसे चल फिर पाते हो?
कहाँ तुम्हारा घर है दादा,
कैसे अन्दर जाते हो?
गर्मी की कोई बात नहीं,
पर जाड़ा कहाँ बिताते हो?
कितना कपड़ा लेकर अपना,
ओवर कोट सिलाते हो?

6

माँ की बोली

माँ की बोली, मीठी लोरी,
धवल चाँद सी, पावन शीतल,
करे ठिठोली,
माँ की बोली....
नंदन कानन की बयार सी,
रोम-राम को, पुलकित करती,
है अलबेली।
माँ की बोली.......
मिश्री सी, मीठी मन को लगती
सुनते जाओ, चाह न मिटती।
हर पल लगती, नई नवेली।
माँ की बोली....
ठंडे जल सी, प्यास बुझाती
तृप्ति दिलाती, शक्ति देती,
सदा नवेली,
माँ की बोली ....
सबकी माँ हो, ममता दे नित,
थामें बाहें, सदा बढ़ाये, सबसे आगे,
भर के आशीषों से झोली।
माँ की बोली, मीठी लोरी।

7

परोपकारी वृक्ष

तुमसे जीवन है, धरती पर, पक्षी, कीट पंतगों को घर,
हमको ताजी वायु देते, गाँव-शहर खुशहाली देते।
भोजन भी तुमसे मिलता है, पथ में आश्रय संग रहता है,
घर, लकड़ी, छाया देते हो, धूप-ताप को सह लेते हो।
रोज सुबह तुम मुस्काते हो, भरी दोपहरी सुस्ताते हो,
तुम्हें देखकर शाम सुहानी, रात को ठंडी पहुँचाते हो।
जीवन, जग सूना है तुम बिन, सकल उदासी स्याही तुम बिन,
वृक्ष पेड़ कहते हैं हम सब, सबके प्यारे बन जाते हो।
गंदी गैस ग्रहण करते हो, प्राण वायु सबको देते हो,
उपकारी तुमसा न कोई, देना सीखें तुमसे, हम भी।
इस धरती की शोभा तुमसे, वर्षा, खेती, भोजन तुमसे।
नीम, आम, पीपल, बरगद हो, शीशम, मौलश्री, जामुन हो
ईश्वर के ही तुम स्वरूप हो, संरक्षक, सखे अनूप हो।।

8

दीप शिखर के

चिड़िया चहके, बिस्तर त्यागो, पूज्य जनों के चरण छुओ,
मुंह धोकर, प्रभु का कर सुमिरन, पढ़ने को झट आ बैठो।
प्रथम पढ़ाई, फिर व्यायाम, बाथरूम में कर स्नान,
इधर नाश्ता है तैयार, ड्रैस पहिन, ले बस्ता यार।
देखो जूते, चेहरा, बुक, हो जा बिलकुल चुस्त दुरुस्त,
विद्यालय की बस तैयार, झटपट चढ़ जा मेरे यार।
करो नमन सब गुरुओं को, नेह प्रेम दो मित्रों को,
हर कक्षा में ध्यान लगाना, मन को कहीं नहीं भटकाना।
मध्यांतर विश्राम करो, फिर पढ़ाई का काम करो।
खाली समय, नहीं झगड़ा हो, चुगली, मस्ती ना दंगा हो।
छुट्टी पर घर को चलना है, मम्मी, दीदी से मिलना है।
बदलो वस्त्र, नाश्ता करके, चलो खेलने सब संग मिलके,
ठीक समय लौटो, घर आओ, होमवर्क करने लग जाओ।
थोड़ा टीवी, कुछ अखबार, नेह, प्रेम की बातें चार।
आँखों में आलस्य समाया, सोने का अवसर अब आया।
आँख, दाँत की करो सफाई, बिस्तर पर जा सोओ भाई
नमन प्रभु, गुरु माता को, इसी तरह नित प्रति पढ़ लो।
सबके प्यारे हम बन जायें, बढ़ आगे यश पल-पल पायें।
निर्बल को संबल हम दें, पीड़ित जग के दुख हर लें।
यही प्रार्थना कर सोना है, यही निरंतर क्रम होना है।
तभी सुखद, कल राष्ट्र बनेगा, यश गायन यह विश्व करेगा।

तभी लक्ष्य सारे पाओगे, दीप शिखर के बन जाओगे।

9

अभिनंदन के कुछेक दीप हो.....

दीप जलायें नेह, प्रेम के,
और जलायें समता के,
अभिनंदन के कुछेक दीप हों,
और जलायें ममता के।।
करुणा व वात्सल्य भरे हों,
अमित सुधा को छलकाते,
प्रखर ज्योति हो, दया-क्षमा की,
नैतिकता से मदमाते।।
सदाचार सहयोग बढ़ायें,
परोपकार हर मन ला दें।।
रोम-रोम में सद्गुण भरकर,
ममता अमृत छलकायें।

10

मम्मी करती मीठा गुस्सा

मम्मी जब नहलाने लाती, टब का पानी मैं उछालता,
हाथों से थपकी दे-देकर, जल लहरों को मैं उछालता।
डालूँ भीतर बाहर पानी, मम्मी को भी मैं दुलारता।
मम्मी कहती बाहर आओ, टब के भीतर मैं छुप जाता।।
नाक, गले तक पानी आये, बाहर निकलूँ और घबराउ।
फिर टब के अन्दर घुसकर के, धींगा मस्ती कर लग जाऊँ।।
शैम्पू लगाती मम्मी प्यारी, मैं उनके न, हाथ में आऊँ।
मम्मी जब करती है गुस्सा, मैं, झट से गोदी छुप जाऊँ।।
आँग पौंछतीं और सुखाती, मुलायम टॉबिल में लिपटाती।
तेल लगाती,क्रीम लगाती, राजा बेटा मुझे बनाती।।
मन तो अब भी टब के अन्दर, पर कल तक को बॉय कह आऊँ।
सबसे प्यारा मुझको लगता, रोज नहाऊँ, सदा नहाऊँ।

11

घास, ओस, हरियाली

एक बूँद पत्ते के ऊपर, सुबह सुहानी प्यारी निर्मल,
मोती सी प्यारी वह लगती, सूर्य किरन से दिव्य चमकती।
सुन्दर, प्यारी आभा आती, ढेर चमक से यह भर जाती,
प्यारी पवन सुहानी आती, फूलों की खुषबू संग लाती।
कितने मोती यहाँ धरा पर, हर पत्ती फूलों के ऊपर,
कितनी ठंडी कितनी प्यारी, सारी सुन्दरता पर भारी।
तुम्हें देख मन खुष हो जाता, जल्दी उठना खूब सुहाता,
हम भी ऐसे ही बन जायें, हर आँखों को सुख पहुचायें।
बनें बूँद से ओस धरा की, मोती सी सुन्दर वसुधा की,
प्यारी धरती, न्यारी धरती, घास, ओस, हरियाली धरती।

12

प्यारी चिड़िया

चूँ चूँ कर के आती है, मीठे गीत सुनाती है,
छत पर खाना खाती है, फुर्र से वो उड़ जाती है।
नयन बहुत मटकाती है, नील गगन में जाती है,
नदिया, पर्वत, पेड. घोंसले, इसकी दुनियाँ, थाती है।। चूँ चूँ
मिलकर दूर गगन में उड़तीं, कितनी प्यारी सबको लगती ,
आगे, पीछे, दाँयें बाँयें, चिडियाँ ही चिडियाँ ही दिखती।
नदी फाँदती, वृक्ष कूदती, पर्वत पार हो जाती है
पक्षी, चिडिया, गौरैया, कोयल,तोता कहलाती है।।
चूँ चूँ करके आती है.........

13

मुस्कानें होठों पर

रंग बिरंगे कितने न्यारे, इठलाते तो लगते प्यारे,
सुरभि का अंबार समेटे, हमको नित बहलाने वाले।
बच्चों से प्यारे लगते हो, राज दुलारे से लगते हो,
फूल, सुमन या पुष्प कहें हम, जग से न्यारे ही लगते हो।
दुनियाँ तुम पर मोहित होती, सारी धरती तुमसे सजती,
कितने प्यारे रंग भरे हो, हरे पेड़ पर लाल टंगे हो।
पीले भी, नीले भी तुम हो, नारंगी, काले भी तुम हो,
किसने तुम को रूप दिलाया, सबसे प्यारा तुम्हें बनाया?
सबको अपना यह वर दे दो, धरा गगन खुषबू से भर दो
मुस्कानें होठों पर ला दो, अपना सा संसार बना दो।।

14

सबसे प्यारी मेरी दादी

सबसे प्यारी मेरी दादी, मैं उनका प्यारा पोता,
सबसे न्यारी मेरी दादी, मैं उनका न्यारा पोता।
मेरे कपड़े, मेरा खाना, सबका रखती, दादी ध्यान,
बनूँ हैल्दी, सुन्दर प्यारा, इसका रखती, दादी ध्यान।
मेरी मालिश करती दादी, कितना प्यारा लगता है
नेह भरा जादू दादी का, सबसे न्यारा लगता है।
मंदिर मुझको ले जाती है पूजा मुझको सिखलाती है,
आँख बंद कर शीष झुकाना, दादी मुझको बतलाती है।
पापा जी जब करें पिटाई, मैं चिल्लाकर रोता हूँ
दोनों आँखों में आँसू भर, दुखी बहुत ही होता हूँ।
झट से दादी गोद उठाती, आँसू पोंछकर गले लगाती,
और डाटती है पापा को, मुझको मीठी चीज खिलाती।
झूठ मूठ में पापा रोते, मैं हँसता दादी की गोदी,
फिर मैं पापा को चुप करता, दादी मेरी पुलकित होती।
मम्मी पापा और बुआ संग, खूब मजा तब है होता
सबसे प्यारी मेरी दादी, मैं उनका प्यारा पोता ।।

15

विक्की-केला-दूध

सुबह सवेरे दूध चाहिये, मुझको प्यारे पापा देते,
फिर मैं माँगू विक्की मीठे, इक डिब्बे में भरे हुये जो,
अपनी साईकिल रोज चलाऊँ, मीठे, गीत सुहाने गाती,
खेलूँ बाल से, संग-संग दौड़ूँ, अपनी जोड़ी है जम जाती।
अब खाना है, मुझको केला, मीठा, प्यारा, माँ देती है,
खाता जाऊँ, ये लगता है, नहीं दूसरा माँ देती है ।
रोटी, चावल, दाल व सब्जी, मम्मी, पापा मुझे खिलाते,
राईम सुनूँ टीवी में संग-संग, मेरे मुँह में साथ खिलाते ।
अब जाते पापू व दादू, मैं रोता हूँ संग जाने को,
मम्मी वहलाती ले आती, मुझको भीतर नहलाने को।
मस्ती पूरी, धमा चैकडी, उछल कूद मैं तब करता हूँ,
पानी की लहरों से खेलूँ, बूँदों से खेला करता हूँ ।
माँ निकालती और सुखाती, प्यारे कपड़े, फिर पहनाती
क्रीम लगाती तेल लगाती, राजा बेटा मुझे बनाती।
मुझे सुलाती बेड रूम में, ऐ.सी. धीमा करजाती माँ,
प्यारी सी मुस्कानें देकर, शेष काम में लग जाती माँ,
मीठे सपनो में खो जाता, दूर सितारों तक मैं जाता,
पापा जल्दी वापिस आना, तारों से मैं कहकर आता ।
शाम को दादू, पापा आते, खुष होकर मैं धूम मचाता
गोदी जाऊँ लाड करूँ मैं, सबका कान्हा मैं बन जाता ।

16

सुंदर प्यारे सदा बनें....

काँटे वाले पौधे पर भी, नन्ही कली मुस्काती है
रंग बिरंगा रूप बनाकर, फूल नया बन जाती है।
प्यारी खुषबू से भरी हुयी, ये सबके मन को भाती है
बच्चों-युवको से भौंरों तक, ये सबका मन ललचाती है।
वेणी, माला कभी बनी, कभी प्रभु चरणों में जाती है
या मिट्टी मे मिलकर ही, ये पोषक खाद बनाती है।
शूर वीर के श्री चरणों में, देष भक्ति बन जाती है
प्रेमी के हाथों में आके, प्रणय निवेदन लाती है।
सुन्दर प्यारे सदा बनें हम, गाएं नित प्रति इठलायें
पर हित, जन हित में अर्पित हों, सबके प्यारे बन जायें।

17

मेरे दादा

मेरे दादा मेरे दादू, मुझको लगते प्यारे हैं
मुझे खिलाते लाड प्यार से, दादू सबसे न्यारे हैं।
रोज सवेरे योग कराते, प्यारा सूरज मुझे दिखाते,
घंटी प्यारी बजवाते हैं, कांधे पर नित मुझे बिठाते।
पैरों से ऊपर ले जाते, हाथों से चक्कर लगवाते,
साईकिल पर जब चढ जाऊँ, दादू धक्का साथ लगाते।
आगे पीछे करें गुदगुदी, मुझको रोज हँसाते हैं, मुझे ...
खाने की टेबिल पर मुझको, अपने साथ खिलाते हैं,
मैं मस्ती में न खाऊँ तो, बार-बार संग आते हैं।
जब जाते दादू आफिस को, मैं भी रोज मचलता हू
बिना बताये छुपकर ही, दादू आफिस को जाते हैं। मुझे...
रोज शाम को पार्क में मुझको, दादू ही ले जाते हैं
झूला, स्लाईडस, सी सा में, मैं, पूरी मस्ती करता हू।
बॉल, साइकिल और दौड़ में, सबसे आगे रहता हूँ
चलो-चलें घर, दादू कहते, मैं तो दौड़ा करता हूँ।
पूरी मस्ती कर, संग उनके, घर मैं लौटा करता हूँ,
कभी गोद में, या कंधों पर, मुझको लेकर आते है। मुझे...
होता जब बीमार कभी मैं, खाँसी मुझको आती है,
पानी संग खेलूँ, सरपट दौड़ूँ, यह आदत न जाती है।
मोजे, जूते पहनाते वह, साथ दवाई देते हैं,
कान में टोपा, हाथ दस्ताने, दादू ही पहनाते हैं।

सभी उतारूँ रोऊँ जिद से, दादू फिर समझाते हैं,
मेरे दादा मेरे दादू, मुझको लगते प्यारे है।। मुझे...
.पूरी मस्ती कर, संग उनके, घर में लौटा करता हूँ,
कभी गोद में, या कंधों पर, मुझको लेकर आते है। मुझे...
होता जब बीमार कभी मैं, खाँसी मुझको आती है,
पानी संग खेलूँ, सरपट दौड़ूँ यह आदत न जाती है।
मोजे, जूते पहनाते वह, साथ दवाई देते हैं,
कान में टोपा, हाथ दस्ताने, दादू ही पहनाते हैं।
सभी उतारूँ रोऊँ जिद से, दादू फिर समझाते हैं,
मेरे दादा मेरे दादू, मुझको लगते प्यारे है।। मुझे....

18

सबसे प्यारे हैं पापा

मैं पापा का प्यारा बेटा, सबसे प्यारे हैं पापा,
खूब खिलौने लाते मुझको, जब बजार जाते पापा।
बिस्कुट, टॉफी लाते हैं, मुझको ये सब भाते हैं,
केक प्रेम से खाता हूँ, पापा स्वंय खिलाते हैं।
मुझको गोद उठाते हैं, कंधे पर बिठलाते हैं
और हवा में झट उछालकर बाहों में ले आते हैं।
जब पापा आफिस जाते हैं, मैं तब रोने लगता हूँ
खूब मचलता संग जाने को, मुझे छोड़ वे जाते हैं।
शाम को जब वापिस आते, में मस्त बहुत हो जाता हूँ
नाचूँ, गाऊँ और गोदी मैं, पापा की चढ़ जाता हूँ।
खेल खिलाते, तब पापा, दूध पिलाते तब पापा,
ब्रष करवाके दाँतों में, मुझे सुलाते हैं पापा।
बहुत रात तक जब न सोऊँ, गुस्सा करते हैं पापा,
मैं सो जाता उनके संग, प्यार बहुत करते पापा।

19

तुमसे पलते सागर

विस्तृत जैसे आसमान से, पर गहरे हो, सागर जो हो,
नीले दिखते नील गगन से, धरती के आवरण तुम्हीं हो।
तुम से मोती, तुम से अमृत, रत्न भरे हैं, कितने भीतर,
चींटी से हाथी तक मछली, छोटी संग में व्हेल सी मछली।
सारी नदियाँ तुम तक आतीं, मिलकर के सागर बन जातीं
सारी दुनियाँ मानव जाता, नाव जहाजों से वह जाता।
संग चंदा के रूप बढ़ाते, कभी ज्वार-भाटा भी लाते,
गर हो क्रोधित बने विनाषक, सुनामी बन कर लूट मचाते।
तुमसे पलते कितने प्राणी, सीपी धोंधा, मछली रानी।
और नमक भी जग को देते, भोजन स्वाद सभी को देते।
पूरी दुनियाँ में फैले हो, जगह-जगह कई नाम धरे हो
भारत माँ के चरण पखारे, हिन्द महासागर कहलाये।
हर महासागर रूप अनौखा, सारी दुनियाँ घर है तेरा
इस जग को सुख शन्ति देना, बढ़ें आप सम, यह वर देना।

20

हम बनें सहारे

धरती पर्वत, वायु, पानी, प्रभुवर तेरी यही निषानी,
इन से ही सब वृक्ष बनाये, सारे जग को सुखी बनाये।
भोजन, घर, औषधि है इनसे, कपड़े और प्रगति भी इनसे,
प्यारे पक्षी, न्यारे फूल, इन्द्र धनुष का धरते रूप।
सूरज, चंन्दा तारे तेरे, नन्हे राज दुलारे तेरे,
नन्ही बूँद बनाते मोती, कोयले से हीरे की ज्योति।
इक दाना वटवृक्ष बनाते, संरक्षण जग को दिलवाते,
कागज और किताबें इनसे, मोहक आभूषण भी इनसे।
प्रभु की पावन मूरत इनसे, मस्जिद, चर्च रूप भी इनसे
उर्जा, ज्योति सभी को देते, नित इतिहास प्रगति का लिखते।
कैसे सारा विश्व वनाया, सबको ममता नेह सिखाया,
सवकी तुमने क्षुधा मिटाई, तृप्ति सुधा सबको दिलवायी।
तुमको मेरा नमस्कार है, मेरा वंदन बार-बार हैं।
जिन, नारायण, षिव भी तुम हो, तीर्थंकर सा रूप धरे हो।
बस इतना वर सबको दे दो, शान्ति, प्रेम हर मन में भर दो
हम सब सबके बनें सहारे, बढ़ं कदम से कदम मिलाके,
प्यारा-न्यारा विश्व बनाये, नेह प्रेम ही वहाँ समाये।

21

मम्मी मेरी ....

मम्मी मेरी प्यारी है, सारे जग से न्यारी है
मुझको दूध पिलाती है, दलिया रोज खिलाती है।
नहलाती है टब में माँ, राजा बेटा बनाती है
जब मैं न खाना खाऊँ, झट उदास हो जाती है।
सर्दी मुझको होती है, मम्मी विक्स लगाती है
ढकती मोटी चादर से, हल्दी दूध पिलाती है।
जब मैं मस्ती करता हूँ, भागूँ और उछलता हूँ
न सोने देना मम्मी को, न खुद भी सोया करता हूँ।
तब माँ डाँट लगाती है, चाँटे-चाँटे बतलाती है,
तब मैं भी डर जाता हूँ, माँ की गोदी में आता हूँ।
करती प्यार बहुत तब माँ, मै झट से सो जाता हूँ
सपने में मम्मी दिखती, जो ईश्वर से भी प्यारी है।
मम्मी मेरी प्यारी है, सारे जग से न्यारी है।

22

मामा मेरे

शैंकी मामा, शैंकी मामा, मेरे प्यारे मामा हैं,
चन्दामामा से भी प्यारे, मेरे शैंकी मामा हैं।
जब जाता नानी के घर, मामा रोज खिलाते हैं,
विस्किट टॉफी और मिठाई, मामा लेकर आते हैं।
प्यारे-प्यारे कपड़े लाते, राजा बेटा मुझे बनाते,
अपने संग बज्जी ले जाते, वो जग से प्यारे मामा है। शैंकी.
उनके बैडरूम में जाकर, उनको सुबह उठाता हूँ
नहीं जगे तो मैं मामा के, ऊपर भी चढ़ जाता हूँ।
धूम मचाता और उछलता, फिर तो न सो पाते हैं ।। शैंकी..
मामी-मामा दोनों प्यारे, मुझको खूब खिलाते हैं
गोदी, कंधे उठा-उठाकर, मेरा मन बहलाते हैं।
मैं भी प्यार करूँ मामा को, चंदा जैसे प्यारे हैं।।
शैंकी मामा....?

23

नानी के आँचल में ...

दूध से प्यारी लगे मलाई, माँ से प्यारी नानी है,
  माँ की माँ को कहते नानी, लोरी और कहानी है।
माँ तो कभी डाँटती मुझको, झूठा गुस्सा करती है,
नानी के आँचल में हरदम, नेह की सरिता बहती है,
जब जाता नानी के घर में, कितना खुष हो जाती है,
बेटी के प्यारे बच्चे को, हाँ, मुझको गले लगाती है।
सारी ममता और दुलार को, मुझ पर रोज लुटाती है।
हलुवा, पूरी, खीर बनाती, मीठा, नमकीन साथ खिलाती,
दिन भर मेहनत करती नानी, फिर भी हरदम है मुस्काती।
रोम-रोम में ममता, मिश्री, ऐसी प्रेम कहानी है।। माँ ....
हमको नानी मिले सदा ही, मम्मी की जो माता है,
  सचमुच नानी, दादी देकर प्रभु कृपा बरसाता है।
कभी खतम न होने वाली, सबसे प्रिय कहानी है।। माँ ......

24

सीमा की रखवाली

रक्षक जैसे डटे देष के, कहीं हिमालय, विंध्याचल हो,
या अरावली, सतपुड़ा जैसे, इस धरती का प्यारा धन हो।
तुमसे वर्षा, तुमसे ये वन, थलचर, नभचर पाते जीवन,
वृक्ष, लतायें, चूना, पत्थर, अनमोल खजाना भी है भीतर।
सीमा की रखवाली तुमसे, चाय बगान की क्यारी तुमसे,
तेरे आँचल नादियाँ नाले, जीवन पाते ये सब सारे।
तेरे गुण हम भी अपनायें, ऊँचे उठ कर नाम कमायें
सबको संरक्षण नित दे दैं, दृढ़ता संयम मन में भर लें।

25

अन्न, सब्जियाँ, मिट्टी

इस धरती की हर इक डगर पर, तुमने अपना घर बनवाया
कई रूप व कई रंगो में, अपना ये परिधान सजाया।
अन्न, सब्जियाँ तुम उपजाती, महल, झोपड़ी तुम बनवाती
पत्थर, गिट्टी, रेत कहीं तुम, सारी दुनियाँ तुम्हीं बनातीं।
दीपक, घड़ा, सुराही तुमसे, कलश, सकोरे क्यारी तुमसे,
नदिया, नाली, सरिता तुमसे, पर्वत, घाटी गुफायें तुमसे।
मूँगा, हीरा, पन्ने, आँचल, कोयला, लोहा भी ये जीवन
खान, खदान, सुरंग बन गयी, पत्थर ग्रेनाईट रूप बन गयी।
तुम्हे नमन इतने रूपों पर, सब उपयोगी, सबको हितकर,
गुण अपने भी हमें दिला दो, बहुआयामी हमें बना दो।
हम भी बढ़ें, जग श्रेष्ठ बनायें, सबकी सेवा हम कर पायें।।

26

अवरोधों में आगे...

इठलाती, बलखाती आती, दूर पहाड़ों से वो गाती,
जंगल, पेड़ तुम्हारे साथी, जलचर की माँ तुम कहलाती।
जब मैदानों में आती हो, शांत, सौम्य तुम बन जाती हो,
पषु-पक्षी, मानव सुख देती, वन-उपवन को जीवन देती।
हर वह प्राणी खुष होता है, जिनको साथ तेरा होता है,
प्राणदायनी, जीवन रेखा, तुमने नित, जग का सुख देखा।
और अन्त में सागर साथी, जिसमें तुम सागर बन जाती
इसी तरह बस बहते जाना, सारे जग को सुख पहुँचाना।
हम भी सीखें तुमसे चलना, सारी दुनियाँ को सुख देना,
अवरोधों में आगे बढ़ना, मन को शांत व शीतल रखना।

27

हवा (आक्सीजन)

हर इक जीव की हो रखवाली, पवन, हवा सब कहते हैं,
इस धरती के सभी जीव तो, तेरे दम पर रहते हैं।
सबकी हर सासों में तुम हो, वृक्ष लता की गति में तुम हो
अकुलाहट में धीर दिलाती, थकी देह को सुख पहुचाती ।
गर्म दुपहरी में दुषमन हो, सुबह शाम में प्याारा धन हो,
और रात में प्रिय सखी सी, सपनों की प्यारी सरगम हो।
घुटन मौत है जहाँ नहीं तुम, मरघट जैसा बनता जीवन
तुम बिन सबने प्राण गंवाये, काल करोना में दुख पाये।
माघ, फूस में दुख पहुँचाती, रोम-रोम में पीर बढाती,
जैसी हो हमको प्यारी हो, हवा, पवन सबसे न्यारी हो।
तुमसे रंग है, तुमसे जीवन, पुलकित धरती का हर इक कण
तुमसे हम सब जीवन पायें, सबके पोषक हम वन जायें

28

ऊँचा सुंदर आसमान

नीला-नीला आसमान है, सबसे प्यारा आसमान है,
नदिया पर्वत के ऊपर है, झरनों घाटी के ऊपर है।
दूर क्षितिज पर यह दिखता है,सागर तट पर भी रहता है,
सूरज-चंदा इसमें रहते, तारे सारे इसमें रहते।
पक्षी, बादल प्रतिदिन आते, हवा दुलारी को संग लाते,
धरती को सुख वैभव देता, हम सबको संरक्षण देता।
इसके नीचे रहें प्रेम से, हर बच्चे को अच्छा लगता,
हम भी सबको नेह, प्रेम दें, आलिंगन व आत्म नेह दें।
विस्तृत हों हम सब नभ जैसे, सरल, शांत, प्यारे इस जैसे,
ऊँचा सुन्दर लक्ष्य बनायें, आसमान से हम बन जायें ।।

29

जंगल झरने प्यारे

इक पर्वत, जंगल, घाटी में, नील गगन के नीचे प्यारा,
झरना सदा बहा करता है, कितना अनुपम, कितना न्यारा।
छोटी बूँदे आसमान तक, फिर से उसकी जातीं हैं,
रवि किरणों के साथ नृत्य कर, इन्द्र धनुष बन जातीं हैं।
हरियाली के साथ सभी के, मन को नित यह भाता है,
हर पल इक संगीत सुनाता, सबका मन बहलाता है।
दुःख, तनाव दूर हो जाते, यहाँ सभी मुस्काते हैं,
जंगल झरने प्यारे देख कर, सभी प्रेरणा पाते हैं
हम हों सुन्दर, गतिमान हों, हर पल गायें, मुस्कायें
शीतल, निर्मल सबसे प्यारे, जन उपयोगी बन जायें।।

30

घास, ओस, हरियाली

एक बूँद पत्ते के ऊपर, सुबह सुहानी प्यारी निर्मल,
मोती सी प्यारी वह लगती, सूर्य किरन से दिव्य चमकती।
सुन्दर, प्यारी आभा आती, ढेर चमक से यह भर जाती,
प्यारी पवन सुहानी आती, फूलों की खुषबू संग लाती।
कितने मोती यहाँ धरा पर, हर पत्ती फूलों के ऊपर,
कितनी ठंडी कितनी प्यारी, सारी सुन्दरता पर भारी।
तुम्हें देख मन खुष हो जाता, जल्दी उठना खूब सुहाता,
हम भी ऐसे ही बन जायें, हर आँखों को सुख पहुचायें।
बनें बूँद से ओस धरा की, मोती सी सुन्दर वसुधा की,
प्यारी धरती, न्यारी धरती, घास, ओस, हरियाली धरती।

31

प्यारी चिड़िया

चूँ चूँ कर के आती है, मीठे गीत सुनाती है,
छत पर खाना खाती है, फुर्र से वो उड़ जाती है।
नयन बहुत मटकाती है, नील गगन में जाती है,
नदिया, पर्वत, पेड. घोंसले, इसकी दुनियाँ, थाती है।। चूँ चूँ
मिलकर दूर गगन में उड़तीं, कितनी प्यारी सबको लगती ,
आगे, पीछे, दाँयें बाँयें, चिड़ियाँ ही चिड़ियाँ ही दिखती।
नदी फाँदती, वृक्ष कूदती, पर्वत पार हो जाती है
पक्षी, चिड़िया, गौरैया, कोयल,तोता कहलाती है।।
चूँ चूँ करके आती है.........

32

मुस्कानें होठों पर

रंग बिरंगे कितने न्यारे, इठलाते तो लगते प्यारे,
सुरभि का अंबार समेटे, हमको नित बहलाने वाले।
बच्चों से प्यारे लगते हो, राज दुलारे से लगते हो,
फूल, सुमन या पुष्प कहें हम, जग से न्यारे ही लगते हो।
दुनियाँ तुम पर मोहित होती, सारी धरती तुमसे सजती,
कितने प्यारे रंग भरे हो, हरे पेड़ पर लाल टंगे हो।
पीले भी, नीले भी तुम हो, नारंगी, काले भी तुम हो,
किसने तुम को रूप दिलाया, सबसे प्यारा तुम्हें बनाया?
सबको अपना यह वर दे दो, धरा गगन खुषबू से भर दो
मुस्कानें होठों पर ला दो, अपना सा संसार बना दो।।

33

सुंदर प्यारे सदा बनें....

काँटे वाले पौधे पर भी, नन्ही कली मुस्काती है
रंग बिरंगा रूप बनाकर, फूल नया बन जाती है।
प्यारी खुषबू से भरी हुयी, ये सबके मन को भाती है
बच्चों-युवको से भौंरों तक, ये सबका मन ललचाती है।
वेणी, माला कभी बनी, कभी प्रभु चरणों में जाती है
या मिट्टी मे मिलकर ही, ये पोषक खाद बनाती है।
शूर वीर के श्री चरणों में, देष भक्ति बन जाती है
प्रेमी के हाथों में आके, प्रणय निवेदन लाती है।
सुन्दर प्यारे सदा बनें हम, गाएं नित प्रति इठलायें
पर हित, जन हित में अर्पित हों, सबके प्यारे बन जायें।

34

बहुत चाहती

बहुत चाहती मुझे बुआजी, रोज फोन पर आती है,
पुन्टु, राजा बेटा कहकर, अपना लाड़ दिखाती है।
खाना, सोना और दवाई, सभी ध्यान वो रखती है,
कैसे बढ़ूँ चलूँ मैं आगे, बुआ सोचा करती है।
मेरी प्यारी टेबिल, चेयर वो ही लेकर आयी है,
ए, बी, सी, डी, बन, टू, थ्री, भी, उस पर लिखकर लायी है।
बैठकर उसी पर रोज पढ़ाई, अपनी पूरी करता हूँ
सारी पोईम, राईमस भी सुनता, आगे बढ़ता रहता हूँ।
लंदन से जब घर पर आती, ट्रॉफी, कपड़े लाती है,
प्यारा कोट व न्यारे कपड़े, बुआ मुझे पहनाती है।
मेरा टॉनिक और दवाई, काम बुआ का रहता है,
सबसे आगे मैं ही दौड़ूँ, ध्यान बुआ को रहता है।
दूर कहीं भी बुआ हो मेरी, मन में पन्टू रहता है,
सबसे प्यारी, जग से न्यारी, बुआ जी जल्दी आ जाओ।
मम्मी जैसी ममतादायी, मुझको बुआ भी प्यारी है,
दादी की राज दुलारी है, दादू को सबसे प्यारी है।

35

पवन

हिम सी ठंडी भी तू,
तुझमें भी है तपन। हे पवन, हे पवन
अति सुख से भरी,
कष्टकर भी छुअन। हे पवन, हे पवन.......
सृष्टि को प्राण दे,
भर दे, जड़ में जीवन। हे पवन, हे पवन.......
फूल तुझ से खिलें,
कलियाँ पायें जीवन। हे पवन, हे पवन.......
तेरे स्पर्श से,
नीर, सागर करे,
धरा का नित-वहन। हे पवन, हे पवन.......?

36

मछली थल पर

मछली रानी रूठ के बोली
थल की सैर करूँगी।।
जल में बहुत रही हूँ,
अब धरती में भी ठहरूंगी।।
गया मार्केट कछुआ राजा,
काँच का बर्तन लाया।
उसमें पानी भरकर उसने,
मछली को तैराया।।
अपनी पीठ पै बर्तन लादा,
उसको शहर घुमाया।।
छोटी सी मछली रानी को,
बहुत ही आनन्द आया।।

37

सोनू-शर्ट-चाय

ठंड के मारे अकड़ रहे थे,
छत पर बंदर मामा।
नहीं मिला इतनी सर्दी में,
उनको कोई पायजामा।
दरवाजे तो सभी बंद थे,
कुछ न पड़ा दिखाई,
सोनू की इक शर्ट पुरानी,
छत पर नजर आयी।।
उसे उठाकर बंदर मामा,
पहुंच गये बाजार।
हलवाई के बेटे को वह
दे दी झट उपहार।।
दशा देख बंदर की यह,
उसने झट चाय पिलायी,
कड़ कड़ाती सर्दी से तब,
बंदर ने जान बचायी।

38

मोबाईल

आँखों में पीड़ा पहुँचाता,
और तुम्हारी देह थकता,
पढ़ने में दिल न लग पाता,
वोफो, जोम्बीज ही मन में आता।
फिर भी क्यों न छोड़ा जाता?
मन मोबाईल को ललचाता,
अब तो मन को तुम समझा लो,
मोबाईल से नाता तुड़वालो,
वरना नम्बर कम पाओगे,
सबसे पीछे रह जाओगे।
कोई न साथी, मित्र कहेगा,
मम्मी, पापा को दुख होगा,
क्या तुम यह सब सह पाओगे?
बड़े फिसड्डी बन जाओगे..?
छोड़ो माबाईल दर्शन यार,
खेलो, पढ़ो बनो होश्यार।

39

प्यारी सलोनी ये....

प्यारी सी गुड़िया है, परियों की रानी है,
पापा व मम्मी के, मन की कहानी है।
झरनों सी हँसती है, भौंरों सी गाती है,
फूलों पर ओस बिंदु, ऐसे मुस्काती है।।
मंदिर में ओंकार, भक्ति भरा नमस्कार
ट्विंकिल-ट्विंकिल, गाने का चमत्कार।
बिल्ली का स्वर या शेर की दहाड़ हो,
भोले अभिनय से, ये सबको बताती है।
मोहक ये नृत्य करे, नयन भावों से भरे,
इन्द्रधनुषी तितली सी, सबको लुभाती है।
नानी का मन मोहे, नाना की प्यारी है,
प्यारी सलोनी ये, राज दुलारी है।
बढ़े प्रगति पथ पर, सफलतायें नित पाये,
यश, सुख समृद्धि, जीवन में नित आये।

40

संघ शक्ति

एक शाम को बहुत से चूहे, घूम रहे थे बाग में,
दिखा एकाएक सबको मौसी, बैठी उनकी ताक में।
घबरा गये बहुत से उनमें, अब तो संकट आया,
तभी उन्हें शामू चूहे ने, बढ़कर धैर्य बंधाया।
दाँत हमारे बहुत तेज हैं, इनसे वार करेंगे,
एक साथ में सारे चलकर, झट प्रहार करेंगे।
यदि मरेंगे सभी मरेंगे, या फिर बच जायेंगे।
संघ शक्ति का अर्थ आज, दुनियाँ को बतलायेंगे।
बड़े एक संग, झपटे, काटा, मौसी जी तिलमिलाई,
भागी सरपट भीतर घर में, चूहों से जान बचायी।

41

बचपन के दिन

आज आये मुझे याद, बचपन के दिन,
प्रेमानंद भरे, वे मुहब्बत के दिन,
वे उछलने के दिन, वे चहकने के दिन,
वे उमंगों के दिन, वे तरंगों के दिन।
धूल मिट्टी के दिन, धींगा मस्ती के दिन,
कभी आलस के दिन, कभी चुस्ती के दिन।
खेत, खलिहान, पनघट, चैबारों के दिन,
वे फुहारों के दिन, वे बहारों के दिन।
महके महुआ के दिन, पके आमों के दिन,
पीली सरसों के दिन, हरे बागों के दिन,
माँ के आँचल के दिन, दादी-नानी के दिन,
बाबा गोदी के दिन, भैया-भाभी के दिन,
मिल के खाने के दिन, गुनगुनाने के दिन,
झगड़े, मस्ती के दिन, प्रेम गीतों के दिन,
सब बताने के दिन, न छुपाने के दिन,
तंगहाली में आनंद, मनाने के दिन।।
आज फिर आ के कोई तो मुझसे कहे,
चलो लौट चलें, संग बचपन के हम,
ले ले सब कुछ मेरा, जो है अब तक मिला,
कोई लौटा दे मेरे बचपन के दिन।।

42

क्रिकेट का आनंद

मन में पीड़ा, आँख में आँसू, बिट्टू बड़ा निराश,
ग्राउंड में क्रिकेट मैच चल रहा, बाहर खड़ा हताश।
नहीं टिकिट, न मम्मी पापा, नहीं कोई जो संग ले जाता,
लम्बू ऊँट वहाँ से आया, बिट्टू को आ धैर्य बंधाया।
मेरी गर्दन को पकड़ो, सिर पर मेरे झट बैठो,
गर्दन उठी दिखा मैदान, चोके-छक्के, क्या है शान
आँसू सूखे, मन इठलाया, क्रिकेट का आनंद उठाया।

43

जेठ जले कंठ को

कितना प्यारा ये जल, सबसे न्यारा ये जल,
गिरि में गंगा का जल, पावन, शीतल, निर्मल।।
कितना....
आगे यमुना का जल, साफ, मैला ये जल,
अरु सरोवर का जल, देता पोषण ये जल।।
कितना ......
ग्राम पोखर का जल, जीवन धारा ये जल,
नदियों, नालों का जल, तृप्ति देता ये जल,
बावरी का ये जल, मरु में जीवन ये जल।।
जेठ जले कंठ को, अमृतदाता ये जल,
उपवनों का ये जल, मन लुभाता ये जल,
गन्दी नाली का जल, प्राण लेता ये जल।
फूल, पत्तों पर जल, मधु प्रदाता ये जल,
ओस बूंदों का जल, प्रभु सा पावन ये जल।
उनके नयनों का जल, पीड़ा दर्शाता जल
प्यासे अधरों पर जल, तृप्ति दाता ये जल,
माँ के नयनों का जल, ममता सागर ये जल,
बहिना आँखों का जल, नेह छलकाता जल।
कामुक नयनों का जल, पथ डिगाता ये जल,
दुखी नयनों का जल, करुणा लाता ये जल।।
कितना....

44

मैं प्यारा सा नन्हा....

मैं प्यारा सा नन्हा मुन्ना
बबलू मेरा नाम,
घर भर का मैं प्रिय खिलौना,
शैतानी है काम।
पानी ले उसको फैलाता,
दिन भर घर में शोर मचाता,
टी.वी. की मैं बदलूँ चैनल,
पोगो, कार्टून वर्ड लगाता।
मम्मी मुझको दूध पिलाती,
नानी अपने संग घुमाती,
कविता रोज सुनाये दीदी,
दादी मीठी नींद सुलाती।
मेरे चाचा, टॉफी लाते,
नाना आईसक्रीम दिलवाते
मौसी और बुआजी मिलकर
प्यारा दुल्हा मुझे बनाते।
मैं भी सबको मुस्कानों से
देता हूँ पैगाम।।
मैं प्यारा सा....

45
करें ठिठोली

करें ठिठोली, खेलें होली,
मुन्नू बना, बड़े दादाजी,
बड़े रोब से बोले बोली।
करें ठिठोली, खेलें होली।
गुड़िया थुल-थुल सेठानी बन,
डाँट रही घर भर को भोली।।
करें ठिठोली, खेलें होली।
पिंटू बना है, वन का भालू,
नाचे छम-छम, लेके झोली।
करें ठिठोली, खेले होली।
रामू, गधा बना अलबेला,
करता मस्ती उछल कूद कर
गर्दभ राग की बोले बोली।
करें ठिठोली, खेलें होली।
संजू बंदर, शेर ही शेरू,
हिरण मोर है, राजा गोलू
रंग, गुलाल, मृदंग बाँसुरी
गुजिया, बरफी, भांग मलाई।
धरा गगन में मौज व मस्ती
आओ सब मिल, भर लो झोली।
करें ठिठोली, खेलें होली।

46

नकल का परिणाम

मारी मस्ती, सारी साल,
आज परीक्षा, हाल बेहाल,
प्रश्नोत्तर कुछ समझ न पाया।
पंखे में भी पसीना आया,
उठ गया वह टायलेट को,
दिखी पर्चियां कुछ उसको,
उन्हें उठा, झट लेकर आया,
लिखने को तब कलम उठाया।
आँख बचाकर लिखता है,
कापी पूरी भरता है।
मन में शांति-आनंद है,
मस्ती का फिर आलम है।
देख परीक्षा का परिणाम,
बिट्टू जी तो गिरे धड़ाम।
पूरी कापी भरकर आया,
फिर क्यों नंबर जीरो पाया?
हिन्दी में हिस्ट्री लिखा है,
और मैथ्स में साईंस किया है।
यही नकल का कुपरिणाम,
बिट्टू सिसके, कर कोहराम,
नकल कभी न तुम्हें बढ़ाती,

पीड़ा देती सदा रुलाती।

47

शीतल मंद समीर

सारे जग को जीवन देती, मृत प्रायों में चेतन देती
थमी साँस को गतिमाय करके, बचपन से वृद्धावस्था तक
प्राणों की तुम डोर संजोती।
सकल सृष्टि में तुम बसती हो, हर इक साँसों में सजती हो
जल, थल, नभ में विचरण करके,
जीवन वन सुरभित करती हो।
सदा गतिमय तुम रहती हो तन, मन को प्रमुदित करती हो,
कभी थमी जब इक पल थककर,
सकल सृष्टि व्याकुल करती हो।
सूर्यताप को भी सह लेती,
हिमगिरि की ठिठुरन भी लेती
जल बिंदु, सागर-सरिता से, नंदन वन से सुरभि लेती।
नहीं कभी अपने गुण गाती, यश गायन न कभी कराती,
तिलक, पुष्प, रोली से अपना, अभिनंदन न प्रिय करवाती।
मन्दिर, मठ न कोई अब तक, न्यास पीठ या फिर जन्म स्थल,
पन्थवाद, दल, गुट न कोई, मोह, द्वेष न कटुता या छल।।
लघु विशाल कोई बिंब नहीं है, स्मारक का चिन्ह नहीं है
जीवन देने वाली जग को, कोई भी प्रतिविंब नहीं है।
नेताओं को तो समझा दो, मठाधीशों को बतला दो
अफसर चेले चमचे प्यादे, में किंचित गुण अपने ला दो।
तभी विश्व फिर श्रेष्ठ बनेगा, नेह, प्रेम का सलिल बहेगा

पवन वायु के गुण अपनाकर, शीतल मंद समीर बहाकर
हर एक मन का मीत बनेगा,
हर एक मन का मीत बनेगा।

48

क्रिकेट

किसने कितने विकेट गिराये,
चौके, छक्के बहुत लगाये,
कौन शतक तक पहुँच सका है,
किसने कैसा कैच लिया है,
इन सब में ही, ध्यान लगाते,
अपने काम, भूल तुम जाते,
पूरा पाठ न होने पाता,
तन, मन पर, क्रिकेट है छाता,
इसे छोड़कर, करो पढ़ाई,
आगे बढ़ लो प्यारे भाई।
ऐसा करो, तुम्हें सब देखें
करें प्रसंशा, हर्षित होते
पढ़ो और कर्तव्य निभाओ,
अपने लक्ष्य सदा तुम पाओ।

नाम ः अरुण कुमार जैन

जन्म ः 23 दिसंबर 1957, ललितपुर (उ.प्र.) में

माता-पिता ः श्री सुशीला देवी जैन (धर्मपरायण श्राविका),

स्व. बाबूलाल जी जैन (साईकिल वाले)

शिक्षा ः डिप्लोमा सिविल अभियंत्रण, एम.ए. (हिन्दी)

प्रकाशन ः 1971-1972 से सारे देश की स्तरीय पत्र पत्रिकाओं में कविता, कहानी, परिचर्चा, व्यंग, आलेख एवं लघुकथाओं लगभग 1500 प्रकाशन

प्रसारण ः 1981 से आकाशवाणी के रोहतक (हरियाणा), छतरपुर, भोपाल (म.प्र.)

व कटक (उड़ीसा) केन्द्रों से कविता, कहानियों व वार्ताओं का प्रसारण

भुवनेश्वर दूरदर्शन के लिए कार्यक्रम का निर्माण व प्रसारण

कृतियाँ ः ? प्रतीक्षा (कहानी संग्रह) 1997

? खून का रंग, ममतामृत (लघुकथा संग्रह) (यंत्रन्थ)

? भक्ति प्रसून (काव्य संग्रह) 2003

? राखी के धागे, स्पंदन (काव्य संग्रह) (यंत्रस्थ)

? पथरीला यथार्थ (कहानी संग्रह) 2003

? संजोग (उपन्यास) 2007 (पुरस्कृत)

? लोरी ठिठोली (बाल कविताएँ) 2021

? राजा बेटा (बाल उपन्यास) 2021

? नाटक, पटकथा, निदेशन व मंचन "जहर से अमृत" (2010)

लगभग 20 संकलनों में प्रतिनिधित्व (कथा, लघु कथा, व्यंग, आलेख)

अनुवाद ः कुछ कहानियों व लघुकथाओं का उड़िया व बंगला में अनुवाद व प्रकाशन हुआ

संपादन ः नवयुग (मासिक) झाँसी 1975-1976

? दर्पण (काशीपुर) 1980

? उत्कलिका (भुवनेश्वर) 2005-06

? ऋषभ वन्दना, (उज्जैन) (2012)

? सृजन सन्देश (उज्जैन) 2013

? प्रणम्य प्रेरणा (उज्जैन) 2014

? अरुणोदय (लखनऊ) 2019-2020

संप्रति : ? भारतीय रेल से 2017 में सेवानिवृत्त वरिष्ठ अनुभाग अभियंता (निर्माण)

? अमृता हास्पिटल फरीदाबाद (निर्माणरत) में गुणवत्ता निदेशक 2017 से

सम्मान : प्रेमचन्द साहित्य सम्मान (रेल मंत्रालय, भारत सरकार 2008) एवं देश भर की अन्य संस्थाओं द्वारा लगभग 50 अन्य सम्मान

संपर्क : वीनस-16, मीनाक्षी प्लानेट सिटी, बाग मुगलिया, भोपाल-462043 (म.प्र.)

स्थायी : 14, महावीरपुरा, दिगंबर जैन बड़े मंदिर के पास ललितपुर-284403 (उ.प्र.)